梯子を降りる

悲嘆からコミュニティへ

From Brokenness to Community

ジャン・ヴァニエ Jean Vanier

宮永久人 訳

女子パウロ会

From Brokenness to Community
(Harold M. Wit Lectures series)
by
Jean Vanier

Published in 1992 by Paulist Press
997 Macarthur Blvd. Mahwah, N.J. 07430

Japanese translation rights arranged with Paulist Press Inc.,
Mahwah, New Jersey through Tuttle-Mori Agency, Inc., Tokyo

Published 2019 in Japan by Joshi Paulo-Kai

梯子を降りる——悲嘆からコミュニティへ

もくじ

Ⅱ　コミュニティ――絆、気づかい、使命の場

装丁／向井由李

まえがき

本書でジャン・ヴァニエがハーバード大学でおこなった講演を紹介できることをわたしは本当にうれしく思っています。ジャン・ヴァニエとハーバードはわたしの人生に大きな影響を与えているからです。

ハーバード神学校のわたしが担当している講座でジャン・ヴァニエが語ってくれた朝のことを、わたしは決して忘れません。講演は朝八時半にはじまる予定でした。わたしは、ジャンがボストン・ケンブリッジの朝の交通渋滞に巻き込まれて、間に合わないのではないかと気をもんでいました。ジャンを車に乗せてきたエリザベス・バックレーがケンブリッジの裏通りを知っていて、なんとか彼をアンドーバー・ホールに連れてきたのは、講演開始予定時刻の一分前でした。わたしがとてもいらいらしていたのに対して、ジャンはいつものとおり冷静で、落ち着いていました。彼は身をかがめるようにして建物に入ってきました。顔立ちは力強く、白髪はとかしていませんでした。着古した青いコーデュロイ（コールテン）のズボンをはき、継ぎ目のあるウィンドブレーカー（防風ジャケット）を着ていました。彼はにっこりと笑ってわたしに挨拶してくれ、フランスのラルシュ・コミュニティの障害をもつなかまたち（訳注）が作った、聖母と御子が描かれたモザイク画を手渡してくれました。

ジャンは背が高く、自信に満ち、服装は粗末でしたが、気高い印象を与える人でした。彼と出会ったことで、わたしはハーバードが自分にとっていちばんいい場なのかどうか、疑いをいだきました。ハーバードで教えるのが好きでしたし、いろいろな学生たちと出会うたびにうきうきし、彼ら、特に女子学生たちが投げかけてくる質問には意欲をそそられました。しかし、ハーバードはわたしにとって、家庭ではないように感じていました。わたしは自分をもっと根源的な方法で養い、わたしの霊的成長にとってよりよい環境をもたらしてくれるものを探し求めているのだと気づいていました。ジャン・ヴァニエに初めて出会ったとき、彼がわたしの魂の欲求を理解しているだけではなく、それにどう応えたらよいか知っているのだと直感したのです。ジャンはわたしに、自分のコミュニティに来て、小さな人びとの持つ宝物を見つけるよう誘ってくれました。わたしの目には、自分がハーバードを去ってラルシュに入ることになるとは、すぐにははっきりしませんでしたが、ジャンと出会ったとき、ある模索が動き出し、ついにわたしをアカデミックな世界から去らせ、知的障害をもつ人たちとの共同生活に飛び込んでいくように導いたのでした。ジャン・ヴァニエがハーバード神学校に来て、キリスト教的霊性についてのわたしの講義で話してくれたのは、わたしの魂が模索していたちょうどその頃のことでした。

わたしにはもう、ジャンが何を言ったかはっきりとは覚えていません。しかし、彼の話の大半は、この本で公にされたハーバードでの講演と同じ精神を発しています。それは小さな人びとへの深い愛によってはぐくまれる純真さ、感謝、祝祭の精神なのです。ジャンはイエスがされたように、いつも物語を話します。彼がともに生活しているなかまたちや、彼が訪ねていく、世界じゅうにあまたある

（訳注）ラルシュのコミュニティでは、「障害者」「知的障害者」とはいわず、「障害をもつ人」「知的障害をもつ人」といいます。さらに静岡市のラルシュ・かなの家では、コミュニティの知的障害をもつメンバーを「なかま」と呼んでいますので、本書ではこれを踏襲しました。

ラルシュ・コミュニティのひとつに住むなかまたちについて語るのです。そしてこれらのなかまたちはジャンの先生なのです。ジャンはよくこう言います。「わたしは小さな人びとの大学で教えてもらっています。」

ジャンがハーバード神学校を初めて訪れてから、ジャンという人を形造った本質的な体験がどのようなものなのか、長らく議論されてきました。ジャンが話したたくさんの理解しやすい物語と、それを話すときの敬意と喜びは、そこにいる人びとみんなへの根源的な問いかけだったのです。ジャンのわかりやすく穏やかなことばの裏には、「あなたはだれのところに呼ばれていますか」という問いが隠されています。ジャン・ヴァニエという、相手に警戒心をいだかせることはないが、霊的に求めるところの多い人が現れたために、彼の話を聞いたり、本を読んだりしている人たちは、中立的な態度をとり続けることができなくなってしまったのです。これは、この本の持っている力でもあります。

ジャン・ヴァニエがハーバード神学校に「教えに」来てから七年になる今日、わたしはラルシュ・デイブレーク・コミュニティの牧者となり、ジャンは世界じゅうにあるラルシュ・コミュニティをひとつひとつ訪ねて、招かれるところどころで、人びとを使徒としての根源的な生き方へ招き続けています。ジャンのアメリカ訪問のうちのひとつとして、ジャンはハーバードに立ち寄り、講演をしてくれたわけです。今回、その講演がこの本になってうれしく思っています。それは、学者の大学と小さな人びとの大学の出会いの重要さを証言しています。この出会いのなかで、真にイエスの弟子であるとはどういうことか、より深く理解されると確信しています。

ヘンリ・J・M・ナウウェン

序文

一九八八年十一月、ジャン・ヴァニエ氏はハーバード神学校で、現代における霊性を生きることを主題としたハロルド・M・ウィット講座のはじめに、二つの講演をおこないました。

この連続講座は二人のハーバード大学の卒業生、すなわちハロルド・ウィット（一九四九年度生）とアーサー・デュボー（一九五四年度生）からの多額の寄付により創設されました。その目的はウィット氏が、講座の創設について書いた手紙のなかで明確に述べています。

わたしがハーバードにいる若者たちや、さまざまな可能性に向けて開かれている人びとへの贈り物となると考えているのは、際だった人物をハーバードのコミュニティの一連の講座に招くことです。その人はその思想、ことばにおいて輝きを放ち、それゆえにこれを聞いた人たちの歩みにおいて、彼らを励まし力づけてくれる精神的質および価値を持っているような人物です。これらの講座を聴講し、その人物と一緒にいるという栄誉に浴することによってさらに励まされ、力づけられるように望んでいます。

この講座の書籍化第一弾を出版するにあたって、わたしはハロルド・ウィットおよびアーサー・デュボーに、この重要で新しい連続講座を創設したこと、そしてこの事業が重要であると理解した彼らの洞察と知恵に感謝したいと思います。最初の講師として、国際ラルシュ運動の創始者であるジャン・ヴァニエ氏を迎えたことを光栄に思っています。ヴァニエ氏は現代における霊的生活の指導的解釈者です。一九二八年にのちの第十九代カナダ総督の息子として生まれ、イギリスとカナダの両方で教育を受け、両国で海軍将校を務めました。パリで道徳哲学の博士号を授与され、トロントで哲学を教えていました。一九六四年に知的障害をもつ二人の男性を誘ってフランスのトロリー・ブレイユの小さな家に移り住みました。その家から育ったコミュニティはラルシュ、すなわち「箱船」と呼ばれるようになりました。それ以来九十五か所のコミュニティが世界の二十四か国に広がり、障害をもつ人たちの尊厳を認め、はぐくむことに貢献しています。

ラルシュ・コミュニティは、知的障害をもつ人たちに対して、彼らが友情の絆をとおして、自分が価値ある存在だという感情を深く得ることができる家族的な環境を作ることを模索しています。ラルシュとともに、「信仰と光」のまどいは、障害をもつ人びと、家族、友人たちが定期的に集まり、祈りと祝祭をおこなっています。この「信仰と光」と「信仰と分かちあい」の黙想運動はともに、もっとも尊い人間の賜物は弱さに根ざしており、わたしたちのうちのもっとも小さく、弱い人びとを迎え入れるときに、わたしたちのほうこそが彼らによって霊的にはぐくまれているのだというジャン・ヴァニエの理解を力強く証言しています。ヴァニエ氏は次のように書いています。「わたしたちがラルシュへ来ることを選んだら、それは知的障害をもつ人たちとのかかわりのなかに入っていくためです。そしてこの友情の関係をとおして彼らの弱さの内なる光や隠れた美しさを彼らが見いだすように助けるのです。……ラルシュに来るアシスタントを特徴づけるのは、価値を貶《おとし》められた人たちと生活を分かちあい、彼らと真の絆を築き上げようとしていることです。このような選択は社会的な階段を『上がって』いくこと、ヒエラルキーの梯子《はしご》を登っていくことを求める現代社会の価値観の反対をいくものです。このような観点からすると、ラルシュはわたしたちの文化に逆らっているのです。」

ラルシュのコミュニティは「小さな人びとを受け入れることと、信仰」を基盤にしています。それは祈りの生活に集中した霊的な修行に深く根を下ろしています。ラルシュ運動のアイデンティティは、ヴァニエ氏のことばを再度引用すれば、「知的障害をもつ人たちへの愛の上に築かれています。彼らとまなざしを交わし、彼らに信頼を寄せるとき、わたしたちはいつも自分たちの道を見つけるのです。いつもこの愛を神の愛から、そして小さな人びとの心における神の神秘的な現存から引き出すことを求められるのです。」

ジャン・ヴァニエ氏は、聴衆であふれたハーバードの二つの大きな講演ホールに、物静かな声で、思索に富んだ力強いメッセージを響かせました。学問的な場での彼の信仰告白は、出席者にとって特別な体験となりました。この公開講座によって、小さな人びと、弱い人びとへの愛と、神の住まいとしての人間の心についての、ジャン・ヴァニエ氏の心揺さぶられる霊的なメッセージがより多くの人に届くことを願っています。

今回の講座とそこから得られる洞察は実に、長年ジャン・ヴァニエ氏がやってきたこと――祈り、思索、そしてコミュニティの知恵のなかで、弱い人びととの愛と信仰の契約のなかで生きられた生活――の実りです。この講演を読まれたら、ジャン・ヴァニエがもたらすメッセージ以上に時宜にかなったものはありえないであろうということに同意していただけるものと思います。

ハーバード神学校　神学部長
「ジョン・ロード・オブライエン神学」教授
ロナルド・F・シーマン
（マサチューセッツ州ケンブリッジ）

Ⅰ

彼らの傷によってわたしたちは癒やされる

痛みの場にいる人びと

わたしが今日、ここハーバード神学校でみなさんと一緒にいることは、ある意味では奇妙で、理屈に合わないようにさえ思われます。わたしはラルシュからここに来ていますが、そこで二十六年近く知的障害をもつなかまたちと生活してきました。つい昨日もトロリーのわたしのコミュニティにいました。そこは多数の純粋な人たちで構成されている美しいコミュニティです。彼らはみんな、能力を限られている人たちです。ほとんどの人は読み書きができず、動作は緩慢です。何人かはしゃべること、また自分で歩いたり、食事をとったりすることさえできません。

わたしがここに来ているのは、彼らがどれほどのいのちをわたしにくれたかということ、わたしたちの世界に信じられないほどの賜物をもたらしていること、彼らはわたしたちの傷ついた世界の希望と平和、救いの源なのかもしれないということ、わたしたちが彼らに対して心を開き、迎え入れれば、彼らがわたしたちにいのちをもたらし、わたしたちをイエスとその福音、すなわち「よきおとずれ」に導いてくれることをお伝えするためです。

そうです。たしかに知的能力に恵まれた人たちがいるハーバードで、あなたたちにこのようなことをわたしがお話しするのは意味がないようにみえます。しかし、多くの痛み、敵意、憎しみ、暴力、不平等、抑圧が存在するこの狂気の世界で、わたしたち個々にとっても、この世界にとっても、いのちと救いの源となりうるのは、弱く、拒絶され、底辺におかれ、役に立たないとみなされている人たちなのだというのがわたしの信念なのです。そして、小さく弱い人びとの友情という信じられない賜物をみなさんもそれぞれ経験してみてほしい、みなさんも彼らからいのちをもらってほしいとわたしは願っています。彼らはわたしたちを愛、交わり、共感、そしてコミュニティへと招いているからです。

わたしは福音、すなわち「よきおとずれ」を読むとき、イエスがどのように生きて活動されたか、どのようにしてそれぞれの人との関係に入っていかれたかを知っていつも感動します。「わたしと一緒に来ないかい、わたしはあなたを愛しているよ。わたしとの交わりに入らないかい。」イエスは出会う人一人ひとりを、ご自分との個人的で親密な関係に招きます。しかし、ご自分に従うように招くときには、選択をしなければならないと言われています。一方のことを選んだら、それはもう一方を拒絶することになります。イエスに従うことを選んだら、愛と交わりの賜物をいただきますが、同時にこの世の道に対してノーと言い、失うものがあることを受け入れねばなりません。選択をしなければならないのです。

こうしてイエスは友人たちを、同じ道を進むために選ばれた他の人たちとともに、コミュニティに招きます。このときからすべての問題がはじまるのです。わたしたちは、弟子たちが自分たちのなかで、だれがいちばん偉いか、だれが最重要人物かと言いあい、怪しむのを見てとります。コミュニティは不思議な場です。それはいのちをもたらしてくれるのですが、痛みの場でもあるのです。なぜならコミュニティは真理と成長の場なのであり、わたしたちのプライド、恐れ、悲嘆があらわにされる場でもあるからです。

イエスは自分についてくる人たちに言っています。「さあ、行こう！　よきおとずれを自分たちのためにとっておくのではなく、世に出ていってほかの人たちに告げ知らせよう。癒やし、解放し、いのちと希望を他者、とりわけ小さな人びと、弱い人びと、目が見えない人びと、障害をもつ人びとにもたらそう。」

なかまたちとの出会い

わたしが第二次世界大戦中にイギリス海軍に入隊したのは十三歳のときでした。わたしは青春時代を、他者を管理し、指示を与えるという効率性の世界のなかで過ごしました。わたしは破壊の技術者でした。最後に乗った船はカナダの航空母艦マグニフィセントでした。しかし数年後、わたしはイエスにもうひとつの道、平和の道をとるよう呼ばれたように感じました。海軍を去り、パリで哲学の学位をとり、トロント大学で哲学を教えはじめました。そのとき、ある友人の司祭の紹介で、幸運にも知的障害をもつ人びとと出会ったのです。

一九六四年、わたしはある保護施設から二人の男性、ラファエルとフィリップを引き取り、一緒に生活しはじめました。わたしには今日数多くあるラルシュのコミュニティの最初のものを創設しているという認識はありませんでした。ただ単純に、拒絶と多くの内なる痛みに苦しむ二人の男性と、そしておそらくは彼らと同じような人たちと一緒に生活するように呼ばれたと感じていたのです。彼らと生活をはじめたときに、わたしは彼らの心に大きな痛みがあることに気づきはじめました。わたしたちが小さな人びとについて、あるいは彼らによきおとずれを宣べ伝えることについて話すときには、決して小さな人びとを理想化してはなりません。彼らは傷つき、痛みのなかにいるのです。不快を感じ、抑鬱状態のなかにいて怒っているはずなのです。

わたしは機会を得て、フランスやその他の国で多数の保護施設や精神病院を訪れました。病院のなかに入って、男女が愛を求めて泣き叫び、何もすることがないまま歩き回り、自分の頭を床に打ちつけ、夢あるいは精神病の世界に暮らしているのをみるのはとてもつらいことです。いくつかの施設では尿や消毒液のにおいがします。もしみなさんがこれらの場のいくつかに入るようなことがあったら、耐えがたい痛みを覚えるでしょう。そのような場に居続けることはむずかしいのです。

現代世界で多くの人びとが耐えがたい状況のもとで生活しています。わたしはボストンで数週間前にホームレスの人びとのために新しい場が開設されたと聞きました。開所した日には四百人もの人がそこに来ていました。ボストンにはホームレスの人びとが四千人もいます。彼らは毎晩、その夜を［避難所として開放されている］武器貯蔵庫で過ごすために入れてもらおうと列を作ります。翌朝、コーヒーを一杯飲んでから、街中へ戻っていきます。そして次の晩まで一日中、放浪するのです。彼らの多くは精神病院や施設から退院・退所させられて、ほかに行くところがないのです。彼らの心は激しく怒り、深くふさぎ込み、内面に激しい痛みを抱えています。その痛みがあまりにもたまると、人は夢の世界に転落してしまいがちです。現実はあまりにも痛ましいのです。夢あるいは精神的な病の世界のほうが、いくらかは耐えやすいものなのです。

わたしたちラルシュのコミュニティも痛みの場です。なぜなら、そこは多くの怒りを経てきた人たちの上に築かれているからです。今日豊かな国では病院や施設はきれいになったかもしれませんが、そこにいる人たちは今なお家庭や愛を求めて泣き叫んでいます。大きな施設は家庭にはなりえません。時として障害をもつ人びとは大きな家に押し込まれますが、そこはしばしば家庭にはなりえず、彼らは近隣の人びとによくは受け入れられないのです。

なかまたちの叫び

二十五年もの間、わたしは障害をもつなかまたちとともに生活してきました。わたしは、人が脳に損傷があったとしても、それはその人のもっとも大きな苦痛の源ではないと気がつきました。もっとも大きな苦痛は拒絶されることであり、だれひとりとして本当にありのままの自分を欲してくれないということです。すなわち、自分が醜いもの、汚いもの、厄介者、価値がないものとして見られているという感情です。それがわたしたちのなかまたちの心のなかにわたしが見いだした痛みでした。

目が見えず、耳も聞こえず、脳に重度のダメージを被っているエリックについてお話しするときには、よく次のように聞かれます。彼は何かを理解しているのか、彼は苦しみを感じることができるのか。たぶんみなさんのなかからも同じ質問が出るでしょう。しかし、わたしたちはみな、子どもは自分が生まれてきたその日にさえも、自分が愛されているかどうかわかることを知っています。そして自分は愛されていると感じたら身体はリラックスし、目は輝き、顔にはほほえみが浮かびます。体はいくらか「透けて見える」ものになります。愛されている子どもは美しいのです。

しかし、もし子どもが、自分は愛されていないと感じたときには何が起こるでしょう。緊張、恐れ、孤独感、そして激しい怒りをいだきます。これはわたしたちが「内なる平和」とは反対の「内なる痛み」と呼んでいるものです。子どもは自分ひとりで生きていくにはあまりにも幼く、弱いのです。子どもたちは自己防衛機制をまったく持っていません。もし子どもが自分は愛されておらず、必要とされていないと感じたら、壊れた自己イメージを持つようになってしまうのです。わたしはわたしたちがコミュニティに迎え入れた人たちのだれもが両親を批判するのを聞いたことがありません。たとえ彼らの多くが家族のなかで拒絶され、捨てられたことにたいへん苦しんでいても。そして親を非難するかわりに自分を非難するのです。「もし僕が愛されていなかったら、それは僕がかわいくなかったからだ。僕はいい子じゃない。僕が悪いんだ。」

もちろん、このような壊れた自己イメージに傷つき苦しんでいるのは、知的障害をもつ人びとだけではありません。今日わたしたちの世界には、子どものときに価値がないとみなされ、受け容れられず、愛されなかったために、内面深くに痛みと怒りをかかえて生きている人がたくさんいます。わたしは、ラルシュのなかまたちがこの激しい痛みを持っていることに気づいたのです。

もうひとつ、わたしがラファエルとフィリップとともに生活しはじめたときに、気づいて心を揺さぶられたのは、彼らが交わり（communion）を心底から求めていたことです。それは彼らの孤独と内なる痛みからわき上がってくる、愛と友情を求めての叫びでした。みなさんが施設にいる人たちを訪ねたら、同じことを体験するはずです。みなさんは突然彼らに囲まれて、少なくともまなざしをとおしてこう言われるのを聞くでしょう。「わたしのお友だちになってくれるの？　わたしはあなたにとって大事なの？　わたしにどんな値打ちがあるの？」

彼らのうちの何人かは部屋の隅っこに逃げ、自己嫌悪の障壁の向こう側、夢と精神障害の世界のなかに逃げ込んでいるようにみえるかもしれません。さらにほかの人たちは自分の頭を壁にぶつけているかもしれません。しかし、それぞれのうちには共通して愛と友情、そして交わりを求める叫びがあるのです。同時に、だれも自分を愛してくれない、だれも自分を必要としていない、なぜなら自分たちは「汚く」、「悪くて」、「いい子じゃない」からだという恐れが深く根をおろしています。

交わりによる変容

わたしたちがこのような怒り、悲嘆、そして抑うつの世界から知的障害をもつ人びとを受け入れ、彼らが、自分たちがありのままで必要とされ、愛されていること、そして自分たちには居場所があることに徐々に気づくようになるときには、彼らの真の変容——わたしは「復活」とさえ呼んでいるのですが——をわたしたちは目の当たりにします。わたしはこのことを経験的に知っています。彼らの緊張し、怒り、恐れ、落胆している身体は徐々にほぐれて穏やかになり、人を信じられるようになっていくのです。これは表情や体全体をとおして現れます。彼らは「わたしたちは家族の一員なんだ」という所属感にめざめたときに、生きようとする意欲がわいてくるのです。この生きて成長しようという意欲が現れることがなければ、人を何らかの行動に導くことに価値があるとは、わたしは思いません。

知的障害をもつなかまたちと生活してきたおかげで、わたしは人と交わるということはどういうことなのか、わかるようになりました。交わりの中にいるということは、「だれかとともにいる」ことであり、わたしたちが共同存在であると気づくことです。交わりということは、人の限界と内面的な痛みだけでなく、その人の賜物と美しさ、成長していく力を含めて、ありのままに受け入れることです。すなわち、その人のすべての痛みの内面的な美しさをも見いだすことなのです。

ある人を愛するとは、まずもってその人の「ために」何かをしてあげるということではなく、その人の持っている美しさや価値を、その人に示すことです。わたしたちの態度をとおして「君はきれいだよ。君は大事な人だ。君を信頼している。自分を信じていいんだよ」と語りかけることです。わたしたちは他者に何かをしてあげようとして、その過程で彼らをつぶしてしまい、彼らに自分では物事を処理できないんだと思わせてしまいます。ある人を愛することは、その人の生命力、その人のうちで輝いている光をその人に示すことなのです。

ある人との交わりのなかにいることは、その人と「ともに歩む」ことでもあります。みなさんのなかで、苦悩している人、内なる痛みを抱えた人に同伴されたことのある方は、彼らの難問に対する何らかの答えや、彼らの痛みに対する解決策がまったくない場合、そうした人たちと歩んでいくのは容易ではないことをご存じでしょう。痛みのなかにある多くの人たちにとって解決というものはまったくありません。子どもを失った母親、夫に捨てられた女性には答えがなく、ただ痛みだけがあります。彼らに必要なのは、その痛みのさなかにずっと、自分たちとともに歩んでくれる友人です。痛みを忘れるようにしなさいと言うだけの人はいらないのです。なぜなら、忘れることはとてもできないからです。このことは意味深長です。ある子どもが拒絶されたとき、その子にあらゆる優しいことばをかけてあげるでしょう。しかしそれは痛みを取り去ることにはつながりません。その痛みが消えてなくなるまでには長い時間がかかるし、おそらく完全にはなくならないでしょう。

わたしが今日まで長年ともに生活してきたなかまのなかの何人かは、今でも心底に怒りを抱いています。彼らは以前よりは穏やかになりましたが、今なお怒りが彼らのうちにこみ上げてくるときがあります。そのようなときに大切なことは、彼らとともに歩み、彼らをありのままに受け入れ、ありのままの自分でいるのを許すことです。彼らが、ありのままの自分でいていいのだ、そして過去に受けた傷や痛みがあっても、今は愛されているのだとわかることが肝要なのです。彼らにとって、自分がどうしなければならないかということについて、いかなる固定観念にも従う必要はないと認識することは、解放の体験なのです。

しかし、この交わりは相手とひとつになることではありません。それは混乱につながります。交わりの関係のなかでは、あなたはあなた、わたしはわたしであり、わたしはわたしの、あなたはあなたのアイデンティティがあります。わたしはわたし自身でなければならず、あなたはあなた自身でなければなりません。わたしたちはともに成長し、一人ひとりが完全に自分自身になるように呼ばれています。実際、交わりは成長するための自由をもたらします。交わりは所有ではないのです。交わりは他者に対する深い傾聴をともない、より完全な自分になるように助けます。

ジェーンは精神病院からわたしたちのところに来たとき、怒りと内なる痛みでいっぱいでした。自分の頭を握り拳でたたいていました。彼女は十年以上わたしたちといて、穏やかになりました。彼女の目は、今いのちで輝いています。彼女はまだ話すことも歩くこともできませんが、彼女の体はあたかも変容してしまったかのようです。

なかまたちに教えられ、癒やされる

わたしは海軍にいたとき、命令を出すように教えられました。そうするのがわたしには当たり前になってしまいました。海軍で生活している間じゅう、わたしは梯子を登り、昇進を求め、任務を完全に遂行し、最高の者となり、賞を取るように教えられてきました。これは社会がわたしたちに教えていることです。そうし続けているうちに、わたしたちはコミュニティと交わりを失ってしまいます。わたしにとって人びととの交わりのなかで生き、彼らとともにいることは、当然でもたやすいことでもありませんでした。ましてや、まったく、あるいはほとんど話すことができない人たちとの交わりのなかにいるのはわたしにとってどんなに難しいことだったでしょう。

わたしが交わりのなかに入っていくのはたやすいことではありませんでした。わたしは変わらなければなりませんでした、それもすぐに。みなさんも幼いころから一番になり、勝つように教えられているそのときに、突然イエスに、梯子を降りて文化というものをほとんど持っていない人たち、貧しく片隅に追いやられている人たちと生活を分かちあうように呼ばれていると感じたら、自分のなかに激しい葛藤が起こるでしょう。わたしがラファエルやフィリップといったなかまたちと暮らしはじめたときにも、わたしは自分の心のかたくなさに気づきはじめたのでした。自分の心のかたくなさに気づくというのはつらいことです。ラファエルたちはただ単に友だちがほしくて叫んでいるのですが、わたしは自分のなかにあるほかの力がわたしに梯子を登らせ続けていたために、どう答えていいのかよくわからなかったのです。しかし数年が過ぎ、わたしがラルシュでともに住んでいるなかまたちはわたしに教え、わたしを癒やしてくれるようになりました。

彼らはわたしに、わたしの勝ちたいという欲求の背後には、自分の恐れと怒りがあることを教えてくれました。すなわち、見下され排除されることへの恐れ、自分の心を開くことへの恐れ、自分がもろくなってしまうことへの恐れ、痛みのなかにある他者を前にして、救いようのない感情がわいてくるという恐れです。そこにはわたしの心の痛みと悲嘆があります。

わたしは、以前に直面したことのないものを感じました。それはわたし自身の心のなかに大きな闇と嫌悪の力があるということでした。特に過労とストレスのなかにあるとき、わたしは自分のうちに嫌悪の力、弱い者を傷つけようとする力がわいてくるのがわかりました。それはわたしのなかにはもっとも激しい痛みを引き起こしたと思います。本当の自分を見つけ、おそらく自分が本当はだれなのか、知りたくなかったのだと認めるために。わたしは自分のうちに、捨てるべきものがたくさんあることを認めたくなかったのです。

そのときわたしは、自分はこのままでいいのだといつわり、捨て去るべきもののことをすべて忘れて、自分がどんなに優秀かをほかの人たちに証明し続けることのできる上昇活動に身を投じ続けるのかどうかを判断しなければなりませんでした。エリート主義はわたしたちみんなの病なのです。わたしたちはみんな勝ち組にいたがります。それはアパルトヘイト［人種隔離］とあらゆる形態の人種差別の核心にあるものなのです。重要なのはわたしたちのうちにあるこれらの力を意識し、それから解放されるために働き、最悪の敵はわたしたちの内側にいるのであって、外側にいるのではないのだと気づくことです。

小さな人びとと ともにおられる神

マリー・ジョーのコミュニケーションを求める叫びが、わたし自身の貧しさと傷を暴露しているのだと気づくには時間がかかりました。みなさんがいったんこのことを認めたら、そこから逃げ出すか、さもなければコミュニティの兄弟姉妹の助け、神の助けを得て、それを受け入れなければなりません。コミュニティの愛と支援を受けて、みなさんは自分の抱えるすべての傷もろとも、ありのままに愛されており、しかもその傷をとおして成長することができるという確信を得るのです。人びとはわたしたちのコミュニティに、小さな人びとに奉仕したいと思って来るのかもしれませんが、一度滞在しただけで、自分自身がその小さな人だということに気づいてしまうのです。

そのときには驚くべきことに気づきます。つまり、イエスがよきおとずれをもたらすために来たのは小さな人びとのところにであって、小さな人びとに奉仕する人びとのところにではないということです。わたしは思うのですが、わたしたちが本当に神の現存を体験し、イエスと出会い、よきおとずれを受け取ることができるのは、ただ自分自身の貧しさにおいて、そしてそれをとおしてのみなのです。なぜなら、神の国は貧しい人びと、霊において貧しい人びと、愛を求めて泣き叫んでいる人びとのものだからです。

だれかが知的障害や精神障害、薬物依存のために傷ついている人びと、あるいはその傷がどんなものであっても、傷ついている人びととともに生きるように呼ばれたら、その人はそこに、神の現存を見いださねばならないのです。神は、彼らの心のなかにある貧しさと傷のうちに現存しておられるのです。神は彼らの癒やしの能力のなかにではなく、むしろ癒やされる必要のなかに現存されています。

もし御父がわたしたちの心を包容し、そのみ心のうちにあって、すべての人に向けられている愛を、わたしたちの絶望した心に注ぎ続けてくださるなら、わたしたちは、差異［違い］は宝物であって、脅威ではないことに気づき、わたしたちは自分たちと異なる人びとを愛することができます。神は愛のうちに人びととともに、あらゆる人間一人ひとりとともにおられるからです。

わたしは、わたしたちが神を体験し、神に触れていただくことなく、自分の内なる痛みと傷のなかに本当に入っていくことや、他者に自分の心を開くことができるとは思いません。放蕩息子がしたように、どんなに自分が傷ついていても、愛されているのだということをわたしたちが経験するためには、御父に触れていただかなくてはならないのです。わたしたちはただ愛されているだけではなく、癒やし、解放するように呼ばれています。わたしたちのうちにあるこの癒やしの力はわたしたちの能力や富からではなく、わたしたちの貧しさのなかで、それをとおしてくるものです。わたしたちは、神はわたしたち自身の傷をとおして、平和、共感、そして愛をもたらされるのだと気づくように呼ばれるのです。

小さな人びと、絶望のなかにいる人たちのうちにある交わりへの叫びを聞くことによって、わたしたちは自分のうちにある痛みに触れます。また、自分が絶望していること、自分のうちに障壁があることに気づきます。それらはわたしたちが子どもだったときに、内なる痛みから守るために徐々に形づくられてきたものです。この障壁のためにわたしたちは、他者との交わりのなかで他者に寄り添うことができず、他者を征服し、支配するように駆り立てられるのです。わたしたちが神に向かって叫びをあげるのは、このことを認識したときです。そのときにわたしたちはイエスと御父が送ってくださると約束してくださった助け主《パラクレートス》「聖霊」に出会うのです。「パラクレータ（paracleta）」という語は「叫びを聞き、応えてくださるかた」［弁護者］という意味です。叫びをあげることなく、そしてその叫びがわたしたちの傷、痛み、悲嘆の意識からこみ上げてくるものでなければ聖霊を受けることはできません。

神はなかまたちを選ばれた

わたしは一緒に生活しているなかまたちの、完成へと向かう成長と聖性を目撃するときに、深く心を揺さぶられます。わたしたちの何人かは二十年以上一緒に生活してきています。彼らは本当に成熟しています。若い人たちがラルシュに援助しに来たとき、かなり未熟なのがわかります。なかまと助けるために来た人たちの間では成熟度に差があることがわかります。今日ラルシュに来る多数の若者たちは、どうやって将来の選択をすればよいかわからないか、あるいはあまりにも多くの選択肢を持ちすぎています。そしてしばしば人生の意味について確信が持てないでいます。彼ら自身が深く絶望しているのです。

　わたしはマリー、ジェーン、ディディア、その他のなかまたちと生活するなかで、イエスが聖霊に満たされて、なぜ「天地の主である父よ、あなたをほめたたえます。あなたは、これらのことを知恵ある者や賢い者に隠し、小さい者に現してくださいました」[1]と言われたのか、またパウロがなぜ「神は知恵のある者を恥じ入らせるために、この世で愚かとみなされているものを選び出し、また、神は強いものを恥じ入らせるために、この世で弱いとみなされているものを選び出さ

（1）マタイ11・25

れました。神は、この世で取るに足らないもの、軽んじられているものを選び出されました(2)」と言ったのか、理解できるようになりました。

わたしたちがともに暮らしている人びとは神の近くにいます。しかし、彼らは小さく、貧しいのです。彼らは拒絶され、たいへん苦しんできました。わたしは彼らがイエスについて話すのを聞くとき、いつも感動します。わたしたちのなかまのひとりであるピーターに、だれかが祈りが好きかどうか尋ねたとき、ピーターは「大好きだよ」と答えました。続けて「祈るときにはどうするんだい」と聞くと、彼は「聞くんだ」と答えました。そこで、「神さまは君になんておっしゃったの」と聞きました。ピーターはダウン症なのですが、見上げてこう答えたのです。「神さまはこう言うんだ。君はわたしのかわいい子だよ、って。」

人生の大半を最下位の場で生きてきて、そのときにイエスは最下位の場にもいることがわかったときには、それは本当によきおとずれです。しかし、いつも一等の場を探し求めてきて、イエスは最下位の場にいると学んだときには、それは混乱をもたらすものです。わたしたちのコミュニティのなかまたちは当然、疑いを持ち、誘惑、内なる苦悶にさらされていますが、その貧しさのなかで、彼らの全存在は神に向かって泣き叫んでいます。八つの幸い(3)はある意味で彼らの現実に近いものなのです。彼らのうちには聖性と完全性があるのです。彼らがまったく小さく、貧しいときに、神は寄り添っておられるのです。

もうひとり、わたしの家にいる貧しくて繊細なディディアのことが思い浮かびます。わたしはまだ彼の話すことを理解するのに困難をおぼえます。しかし、あるとき、週末にわたしたちの家のみんなで、ある修道院に行きました。その最後の夜にわたしはみんなに、いちばん感動したのはどんなことだったか聞きました。するとディディアはこう言ったのです。「ギルバート神父さまがお話ししてるとき、僕は心が燃えていたんだ。」

そうです。打ちひしがれた人びと、抑圧されている人びとはわたしに、たくさ

(2) 一コリント1・27—28参照。
(3) マタイ5・3—11

んのことを教えてくれ、わたしを根底から変えてくれているのです。彼らはわたしに、癒やしは階段の下の方で起こるものであって、いちばん上ではないことを気づかせてくれました。

彼らの交わりを求める叫びはわたし自身の人間性や悲嘆についてあることを教えてくれます。すなわち、わたしたちはみんな、傷ついていて貧しいのだということを。しかし、わたしたちはみな神の民です。わたしたちはみな愛され、導かれているのです。彼らはわたしに、わたしたちが兄弟姉妹とともに交わりのなかに、コミュニティのなかにいるということがどういうことかを教えてくれます。彼らはわたし自身のうちに隠されていて、他者にいのちを与えることができる優しさというものの本質を明らかにしてくれるのです。

よきおとずれの逆説

打ちひしがれた人びと、抑圧されている人びとはわたしに、よきおとずれとはほんとうはどのようなものであるかを教えてくれています。

福音書のなかでわたしがもっとも心を揺さぶられる箇所のひとつは、イエスとサマリア人の女性との出会いです。サマリア人は拒絶されていた人びとでした。ユダヤ人は彼らを忌み嫌っていました。そしてこのサマリア人の女性は彼女の属する民族からも拒絶され、片隅に追いやられていました。なぜなら彼女は五人の男性と生活していたからです。彼女は律法に従って生活していませんでした。この女性はおそらく、福音書のなかではもっとも貧しく、絶望した女性のひとりでしょう。

彼女に出会うとき、イエスは彼女に自分を律するようには言いません。むしろ、ご自分の要求を明らかにします。イエスは彼女に言います、「水を飲ませてください。」イエスがどのようにして絶望している人に近づいていくのか思い浮かべるとよいでしょう。すなわち、相手よりも優越した立場からではなく、慎ましく低い立場からなのです。それはイエスの疲労感からでているものでさえあります。「わたしにはあなたが必要です。」

実にイエスはファリサイ人や金持ち、賢い者よりも、重い皮膚病の患者、徴税人、貧しく弱い人びとといるほうがくつろいでいるかのようにみえます。

これでみなさんはわたしにとってコミュニティでディディア、ラファエル、マリー・ジョーといったラルシュのなかま一人ひとりとともに生活することがどれほどの賜物であるか、少しは理解されるでしょう。

しかし、そこにはまだ逆説があります。イエスが自分と同一視している人びとは社会から落伍者として扱われているからです。それでもイエスこそは飢えた人なのです。精神的に混乱し、裸になった女性なのです。盲目で耳も聞こえず、脳に重い損傷のあるエリックをわたしの腕に抱きしめたとき、わたしはこの逆説を感じました。「このような小さな者のひとりをわたしの名において受け入れる者はわたしを受け入れるのである。わたしを受け入れる者はわたしを遣わされた方を受け入れるのである。(4)」

それが真実だとしたら驚くべきことにはならないでしょうか。わたしたちみんながそのことに気づいたとしたら。世界の様相が変わってしまうでしょう。そのときわたしたちは、もはや、光、太陽と美のなかにおられる神に会うための階段を登ろうと競争し、わたしたちの神学的知識をもって賞賛されようとは望まなくなるでしょう。それでもなお知識を求めるとしたら、それはわたしたちの知識や神学は、それがただ小さい人びとに奉仕し、その尊厳を守るために使われる限りにおいて重要であるとわたしたちは信じるからです。

（4）ルカ9・48

II

コミュニティ――絆、気づかい、使命の場

愛に目覚めさせる力

一九八七年にローマで開催されたローマ・カトリック教会の信徒の召命と役割についてのシノドス［世界代表司教会議］の期間中、ローマの「信仰と光」コミュニティは、すべての司教に彼らのコミュニティの集まりに来てくださるよう、招待しました。「信仰と光」は知的障害をもつ人びと、彼らの親たち、多くの友人たち、そしてとりわけ若者たちからなっています。結局、数人の司教だけが来られました。ローマのラルシュ・コミュニティも来ました。そのとき、彼らが迎え入れた八歳の少年アルマンドも一緒でした。

アルマンドは歩くことも話すこともできず、年齢のわりには体が小さい少年です。彼は保護されていた児童養護施設からわたしたちのもとに来ました。彼は母親に捨てられ、もはや生きる意欲をなくし、食欲を失ってしまっていました。ひどくやせ細り、餓死しそうになっていました。しばらくわたしたちのコミュニティで過ごすうちに、彼は自分を抱きしめ、愛し、彼に生きてほしいと願う人びとと出会い、徐々に食欲を取り戻し、驚くほど成長しはじめました。彼はまだ歩くことも話すことも、自分で食事をすることもできず、彼の体はねじ曲がり、衰弱しており、重度の知的障害もあります。しかし、みなさんが彼を抱き上げたら、彼のまなざしと全身は喜びと興奮で震えて、こう言っているかのようです。「大好きだよ。」彼には人の心を癒やす力があるのです。

わたしは訪れた司教たちのひとりに、アルマンドを両手で抱きしめたくありませんかとお聞きしました。司教はそうしました。ふたりが抱きあい、アルマンドが司教の両手のなかに抱かれて震え、ほほえみはじめたとき、わたしは彼の小さな両目が輝いているのを見たのです。三十分後、わたしは司教にアルマンドをわたしに戻したいかどうか聞きました。「いいえ、とんでもない。」司教はそう答えました。アルマンドはまったく小さいのに、心底からの愛の力で司教の心に触れ、それを変えてしまったのだとわたしはわかりました。

司教たちはとても忙しい人たちです。彼らには権力があり、しばしば攻撃的な行動に悩まされているので、堅固な防衛機制を築き上げる必要があるのです。しかし、アルマンドのような人は、司教たち、そしてわたしたちみんなが自分の心のなかに築いている障壁を突き破ることができるのです。アルマンドはわたしたちに、愛するようにわたしたちのうちに隠された生ける水、優しさの湧き出る井戸を掘り起こすように目覚めさせてくれるのです。アルマンドは脅かすことを知りません。彼はわたしたちの性欲を目覚めさせるのではありません。彼はただ、「僕は君が好きだよ。君と一緒にいられてうれしい」とだけしか言わないのです。

たいていの人は、自分たちが頭脳を持っていることを知っています。２＋２＝４であることを学んでいます。手を持っていることも知っています。卵を料理するなど、いろいろなことができます。性があることも知っています。強い情動を経験してきているからです。しかし、自分の内側深くに井戸があることは必ずしも知りません。その井戸の扉をたたいてやると、いのちと優しさの泉が湧き出てきます。そこにはいのちの水があり、わたしたち一人ひとりのうちから湧き上がり、人びとにあふれて、いのちと新しい希望を注ぐことがあらわにされます。

それこそアルマンドが持っている力なのです。彼は自分の打ちひしがれた状態において、神秘的な仕方でわたしたちに、わたしたちが打ちひしがれていること、人を愛することの難しさ、心のなかのバリア、かたくなさをあらわにするのです。

もし、アルマンドが打ちひしがれてしまっており、傷ついているにもかかわらず、なおもいのちの泉であるとすると、わたしも自分自身の打ちひしがれた状態を見つめ、わたしにも他の人たちにいのちを与えることができると信じてもいいのです。

自分はほかの人より優れているんだとか、自分はあらゆる競争にすべて勝つんだととりつくろう必要はありません。自分は独自の存在なのですから、ありのままの自分であればよいのです。もちろん、このことはまさに癒やしと解放の体験です。自分は精神的・身体的な傷を持ち、さまざまな限界があっても、さまざまな賜物も持っているのですから、自分自身であってかまわないのです。自分はまさにありのままで愛されているのだ、自分も人を愛し、成長できるのだと信じることができるのです。

コミュニティへの招き

なかまたちがわたしに示してくれたことが他にもあります。それは、彼らがコミュニティをつくり、人を集めるのに、信じられないほどの力を持っているということです。経験に照らし合わせれば、孤独な人はほかの人を癒やすことはできないようにみえます。一対一の状況というのはよい状況ではありません。打ちひしがれた人たちは愛のコミュニティに導き入れることが必要です。そこで彼らは受容され、彼らの賜物を認知されて、所属感を持つようになります。それこそが傷ついた人びとがもっとも求め、欲しているものなのです。

今日、わたしは所属することとコミュニティについてお話ししたいと思います。わたしたちはイエスの後続者として、イエスを見て、イエスがどう生きたか、どう人びとの間を歩まれたかを知るように呼ばれています。イエスは人びとをなかんずくご自分との深い交わりの関係へと招きました。イエスは彼らにまなざしを向けて愛され、そして言われたのです、「わたしと来て一緒にいないかい。わたしとの友情に入らないかい。」そのとき、イエスはこう言いたかったのでしょう。「この関係に入りたいと思ったら、あるいはわたしの愛を受けるなら、自分の選択肢を選び、損失を引き受けなければならない。もしわたしに従いたいなら、何かを捨てる必要がある。あなたが持っている物質的なものや、執着しているものを。」これが第一です。すなわち、それは選択を含む関係なのです。真の選択、呼びかけに従うこと、悲しみと痛みを伴う損失を受け入れること。

こうしてイエスは、彼との愛の交わりを受け入れる人をコミュニティへと呼ばれます。同じようにして呼ばれた他者とともに生き、ともにあるために。コミュニティはさらに深い悲しみがはじまる場です。わたしはイエスの最初の弟子たちがどんな人たちで、どれほどわたしたちに似ているのか、見るのが好きです。イエスが背を向けるやいなや、弟子たちは自分たちのなかで争いをはじめます。「だれがいちばん偉いのだろう、最高の人はだれだろう。」コミュニティはわたしたちの心に隠されている闇と怒り、嫉妬、敵意がすべてあらわにされる場でもあるのです。

コミュニティは痛みの場です。喪失の場であり、葛藤の場であり、死の場だからです。しかし復活の場でもあるのです。

結局、弟子たちのコミュニティが誕生してすぐに、イエスは彼らを送り出します。「行って貧しい人びとによきおとずれを宣べ伝えなさい。しかし、何も持たずに行きなさい。履き物も二足は持ってはならない。下着も二枚身につけてはならない。金も食物も持っていってはならない。何も持たずに行きなさい。貧しい身なりで行き、困難なことをおこないなさい。(5)」

「困難なこと」とはなんでしょうか。それは解放です。人びとを束縛している恐怖、孤独、嫌悪、利己主義の悪魔から、彼らを解放することです。他者を愛し、癒やし、解放するようになるために、人びとを解放することです。しかしそのためには、貧しさのなかに入っていき、自分の体のなかを流れている神のいのちを体験しなければなりません。あなたはいのちを与えるのですが、それは神のみ心からあふれてくるものです。人びとに新しいいのち、新しい希望をもたらすのです。コミュニティの神秘はイエスによる、「わたしについてきなさい」という彼との交わりへの呼びかけと、愛のよきおとずれを宣べ伝え、人びとにいのちを与えるために派遣されることとの間にあるのです。

(5) マタイ10・7―10参照。

コミュニティにおける葛藤

コミュニティはわたしたち一人ひとりの内なる葛藤の場です。

ひとつ目の葛藤は世の価値観とコミュニティの価値観との間での葛藤、ともに生きることとひとりで生きることとの間の葛藤です。ひとりで生きることを放棄し、ただそばにいるというだけではなく、ともに生きることに入っていくのはつらいことです。それは、ものごとをひとりで決めてしまうのではなく、みんなで決めるということです。特にひとりで生きていくこと、「わたしは他のだれも必要としない」という感覚を持つように教えられている世界のなかでは、ひとりで生きることを放棄するのはつらいことです。

二つ目の葛藤は、他者と競争し、他者を支配するのではなく、他者が成長していけるように、余地を残しておくことを学ぶことから起こります。わたしたちの社会は競争社会です。わたしたちはみな、競争の激しい社会を生き抜いて勝ち、成功し、昇進の梯子を駆け上がって出世するように教えられています。ですから、他者が成長し、自らの賜物を生かせるよう助けるときに一歩退かなくてはならないということは、コミュニティで生きるときには難しさを感じさせるようになります。コミュニティに入るとわたしたちの社会のなかで培われた攻撃的な競争がなくなってしまうのです。

三つ目の葛藤は二つ目のものと似ています。それは人を気づかうことと自分だけを大切にすることとの間に起こります。他者の成長と自由のために実際に気づかうことは、自分の自由を犠牲にすることになります。それは、わたしたちにとってもっとも偉大な自由とは、他者が自由に向かって歩けるように助けることだと気づくということなのです。

四つ目の葛藤は、開かれていることと閉ざされていることとの間に起こります。おそらく先にわたしが述べた三つの葛藤については、実際、豊かな国々の文化を非難することにつながります。それらの国では、人びとは早くから賞を勝ち取り、ひとりになって歩き、成功することを求められます。

しかしこの四つ目の葛藤は貧しい国々にも見られます。それらの国では大きな拡大家族（extended family）がコミュニティをなしているようにみえます。しかし、もっと近づいてみると、この拡大家族は多くの場合、閉ざされていることに気づきます。ある部族のなかでは、人びとは集団的意識のために個人的意識を犠牲にすることを求められます。さらなる安全を確保するために、人びとは自分の個人的な成長、自由、なりたいものになることを、所属の神に献げています。家族に所属していれば、安全と力がもたらされるのです。

偽りのコミュニティはたくさんあります。そこには強い所属感はあるのですが、個々が自分らしくなることを犠牲にしています。人びとに開かれたままにしておくことを求めるコミュニティは、リスクをはらんだもろいコミュニティです。そのようなコミュニティは、それ自身の安全と人びとにとどまるように引きつける力をもはや持っていないのです。

連帯し、ともに生きるために

結婚についての神話があるように、コミュニティについても神話があります。結婚についての神話は「ふたりはいつまでも幸せにくらしました」というものです。結婚の現実は、結婚ということは男女が一体となりたいという欲求のために、自分たちの自我を犠牲にするよう呼ばれている場だということです。コミュニティも人びとが成長してひとつの体になるために、真に互いが互いのものとなるように、閉鎖的な方法ではなく一人ひとりが内なる自由において成長する神秘的な方法で、自我に対して死ぬことを意味します。

内なる自由への個人的な意識と成長に伴うリスクを引き受けることには痛みが伴います。他の人たちが賛成しているようにみえないときには、自分の内なる光に従うことは決して容易ではありません。コミュニティは自分たちのうちにこもりがちです。しかし、所属は常に、個人がなりたいものになるための方法であるべきです。それは新しい自由と新しい豊かさ、他者にいのちを与える新しい方法を見いだすために、しかしなお他者にとどまりつつ、彼らとともにひとつの体になるために、攻撃性と敵意に対して死ぬというリスクを引き受けることなのです。

わたしは教会のなかに、また今日の世界のなかに、二重の動きがあるのを感じています。まず、経済発展への欲求によって引き起こされている個人的そして集団的な自立への動きがあります。アフリカやインド、その他多くの国々の拡大家族は、個々の利益への欲求にむしばまれています。どんな犠牲を払ってでも勝とうと奮闘するとき、その家族はコミュニティ感覚を失ってしまうのです。人びとはどんどん個々の賞を求めていきます。このような欲求は、豊かな国々では子どもたちに幼い頃から教え込まれています。

カナダである学校を訪れたときのことを思い出します。そこでは大きなポスターが貼ってあり、こう書かれていました。「優秀でないことは罪である。」別のポスターには別の車を追い越している車の絵が描かれ、そこには「君たちは追い越し車線を走っていますか？」と書かれていました。まさにわたしたちは幼い頃から、一番にならないことは罪であるという感情になじんでいるのです。

しかし、わたしは同時に、さまざまな国々と同様、教会の内部でも連帯への切望、ともに生き、愛しあおうという叫びを人びとがあげているのを感じます。わたしたちはあまりにも長くひとりで生きるための道を歩んできました。わたしたちは孤独を感じるようになっています。わたしたちが生きられるのは、ともにいることによってのみではないかと理解しはじめています。分離し、隔離することの危険があまりにも大きいとわかりはじめています。自分たちを分けて、グループごとに障壁を築いたら、わたしたちはたがいに敵同士になってしまうでしょう。

これほど非核化への声が高まっているときは今までにありません。しかし、人間というコミュニティのうちで、またわたしたち個々の心のうちで武装が解かれることはより重要です。もしわたしたちのコミュニティや近隣のなかで、競争と敵意の世界にいる自分たちを武装解除していなければ、国々の間で武装解除を目指す大きな会談が開かれても無駄です。

おそらく、人間の歴史上はじめて、多くの人びとのなかに、わたしたちはみな同じ人類に属しているという認識、すべての人間が平和のもとにひとつになり、わたしたちみんなが愛し、尊ぶ地球という星の上で生きたいという願いが強まってきています。コミュニティへの憧れも深くなっています。このことは最近ベストセラーになった、M・スコット・ペック著『異なる太鼓――コミュニティ構築と平和』[6]のような本にも見られます。人びとはコミュニティを再発見しようとしているのです。孤独、自存（independence）、競争にうんざりしてしまったのです。

今からでは遅すぎるかもしれません。コミュニティを生きるための内面の力がもうないかもしれません。わたしたちは絶望してしまっているかもしれないし、内なる痛みはとても激しいかもしれません。しかし今日、人間の心のどこかにわたしたちの孤独、世界の不正と痛みに由来する叫びがあります。すなわちコミュニティを求め、所属したいという叫び、ともに生き、愛しあいたいという叫びがあるのです。

わたしたちの神は、ただわたしたちが従うこと、罰されることを力ずくで教える神ではなく、家族なのだと意識する人が多くなっています。わたしたちの神はたがいに愛のうちにいる［父と子と聖霊の］三つの位格であり、交わりなのです。そして、この美しい、愛の神は、わたしたち人間を愛のいのちへと招いておられます。わたしたちはひとりではありません。わたしたちはともに障壁を低くし、自分をさらけだしてひとつになるように招かれています。神のもっとも大きな望みは、「彼らがひとつになるように、それも、すべて完全に」ということなのです。しかし、この新たにされたより深い統一のなかに生まれ変わり、わたしたちの独自性と個々が持つ賜物、創造性がつぶされることなく生かされ、向上していくためには、わたしたちは自分の内なるすべてのエゴイズムの力に対して死ぬ必要があります。

尊厳と気づかい

コミュニティは気づかうこと（care）を意味します。人びとへの気づかいです。ディートリッヒ・ボンヘッファーは言っています。「コミュニティを愛する人はコミュニティを破壊する。同志を愛する人はコミュニティを造る。」コミュニティというものは抽象的な理念ではありません。わたしたちは完全なコミュニティを目指して励んでいるのではありません。コミュニティは理念ではなく、人びとなのです。あなたとわたしなのです。コミュニティのなかでわたしたちは人をその

（6）M. Scott Peck, *The Different Drum: Community Making and Peace*, Simon & Schuster, 1987.（邦訳未刊）

傷や賜物とともに、わたしたちがその人にこうなってほしいと思うようにではなく、ありのままに愛することを求められます。コミュニティは彼らに空間を与え、彼らが成長していくのを助けることを意味します。それは彼らから受けることでもあります。そうすることでわたしたちも成長できるのです。それはたがいに自由を与えあうことです。それはたがいに強めあうことであり、またたがいに励ましあうことです。他者が生き、成長し、与えるために、他者への信頼と自分に死ぬ精神で、たがいに耳を傾けあうことによって尊厳を与えあうのです。

知的障害のゆえに拒絶されてきたラルシュのなかまたちの痛みを見るときに、わたしは当然、このことを深く確信します。彼らの痛みの源は、彼らが自信を持っていないことにあります。わたしは十三歳のとき、父に海軍に入りたいと頼みました。それは戦争中であり、大西洋を渡ってイギリス海軍に入るということでした。三隻のうち一隻の船がドイツの潜水艦に沈められていた頃のことでした。父は即座にわたしに言いました。「わたしの事務室に来てごらん。」それは悪い知らせだと思いました。なぜなら、それまでわたしは決して父の事務室には入らなかったからです。約束した日に父の事務室に行き、大きな肘掛け椅子に座りました。(今日思い浮かべると、そんなに大きな椅子ではなかったように思いますが。)父はわたしに尋ねました。「おまえはどうして海軍に入りたいんだい。」わたしは何と言ったか忘れてしまいました。父が言ったことは全部覚えています。「わたしはおまえを信じている。おまえがそう望んでいるのなら、それがおまえがなすべきことだ。」このことばは父がわたしにくれた最高の贈りものでした。「おまえを信じている」と言うことで、父はわたしにこう言っていたのです。「おまえは自分を信じることができる。おまえは自分が従っていた慣習や心底にある欲求を信じることができる。」もし、父が「それは子どもっぽい考えだ。もう四年間待てばやりたいことができるようになる」と言っていたら、わたしは自分に対してこう言ったでしょう。「ぼくが従ってきた直感や欲求はいいものじゃないんだ。そうしたものは子どもっぽかったんだ。ぼくが求めているものを自分では信頼できないんだ。ぼくは自分が何をしたいのかわかっていないんだ。」そのとき父はわたしの内なる、欲求し信頼する力を打ち砕いてしまったかもしれないのです。

わたしたちは人びとに彼ら自身の尊厳という贈りものを与えることができます。わたしたちはただ、他者に耳を傾け、彼らと語らうということだけでも彼らを助けられます。わたしたちが信頼することによって、彼らが言いたいことが大切なことであり、よいことなのだということを、彼らに示すことができます。コミュニティは人びとを気づかっているのですが、もちろん気づかいをはじめてすぐに、わたしたちを激怒させる人が何人かいることがわかります。わたしたちがある人たちを好むのは彼らが自分たちと考え方が似ているからです。そのとき、たがいにお世辞を言いあう世界にはまってしまう危険にさらされます。わたしたちはみな、愛情を強く求めているので、だれかがわたしたちに愛情を示してくれるときには、それにしがみつきたくなります。そのときにわたしたちはその愛情を示してくれた人にこう言います。「すごい！　がんばって！　わたしにお世辞を言い続けて！　それが気持ちいいってわかってるよね。」なでられることを求める子猫のようです。わたしたちはなでられるとのどを鳴らしはじめるのです。

しかしお世辞によってはだれも成長しません。それは自由をもたらすのではなく、相手を自分たちのうちに閉じ込めてしまいます。わたしたちは、ある人には引きつけられるのですが、他の人たちには不快にさせられます。その人たちとはうまくいきません。彼らはわたしたちの怒りを誘います。彼らは権威主義的、あるいは所有欲の強かったわたしたちの父母を思い起こさせるのかもしれません。ある人びとはわたしたちを脅かし、またある人びとにお世辞を言います。ある集いは楽しく、またある集いは痛ましい。わたしたちが人びとの世話をすることについて話しはじめると、それがどんなにむずかしいか理解するようになります。コミュニティのなかで、わたしたちはそのコミュニティのメンバー一人ひとりを世話するように呼ばれるのです。わたしたちは、友人は選べますが、兄弟姉妹を選ぶということはありません。彼らは家族、コミュニティのいずれにせよ、わたしたちに与えられているのです。

わたしたちは特別なコミュニティに呼ばれるか、あるいはそれを選ぶかもしれません。しかし今わたしたちがこのコミュニティにいるからには、兄弟姉妹が与えられています。ある人はわたしたちの神経をいらだたせ、ある人たちはわたしたちを引きつけます。しかしコミュニティにいるというのはたがいに気づかいあうことを意味します。もしわたしたちが、自分にお世辞を言ってくれ、自分にそっくりの、考えを分かちあうことのできる人たちに引きつけられるままにしていたら、わたしたちは成長しません。わたしたちは自分たちと異なる人びとに近づくとき、わたしたちの痛みをかき立てる人びとでさえも迎え入れ、彼らに耳を傾けられるようになったときにこそ、成長するのです。

敵を愛すること

わたしは、もっと福音を理解しようとするときにはいつも、そのメッセージの持つ信じられないほどの力に驚いてしまいます。イエスのメッセージの核心にあるのは「あなた方の敵を愛しなさい。あなたを批判する人、嫌う人に善をなしなさい。あなたを迫害し、貶める人のために祈りなさい(7)」ということです。わたしたちの敵は遠く離れた地にいるものではありません。それはそばにいて、わたしたちを脅かし、わたしたちの行く手を妨げるものなのです。わたしたちの敵はコミュニティの外側にではなく、内側にいるのです。

わたしはリトリート（黙想会）をおこなうときに、ときどき参加者に自分の敵に扮してくださいと頼みます。わたしたちはだれにも、家族、コミュニティ、仕事場に敵がいて、その人はわたしたち、あるいはわたしたちの思い、情緒的な生活を脅かします。敵とは、わたしたちがうらやましがったり、わたしたちの行く手に立ちふさがったりする人たちです。イエスはこう言われているのです。「あなたたちの敵を愛しなさい。あなたたちを憎み、批判して悪くいう人によいことをしなさい。あなたたちを迫害する人のために祈りなさい。」これはキリストのメッセージのなかでもまったく新しいものなのです。このみことばが、キリストのメッセージがなにか特別なもの——すなわち普遍的な愛、差異を尊敬し愛すること——にもとづいている理由なのです。わたしたちはみんな差異を怖がります。しかし、イエスがわたしたちに敵を愛しなさいと言われるときには、わたしたちに共通の人間性について語っておられるのです。

たがいにゆるすこと

わたしたちが兄弟姉妹を気づかうことを学ぶそのときに、コミュニティの核心

(7) ルカ6・27―28

にはゆるしがあります。和解はコミュニティの核心にあるものです。愛において成長することは、わたしたちがゆるしと和解の人になることを意味します。キリストのメッセージの核心、その根本的な新しさは、わたしたちのうちに住んでおられる神の家族の三番目の位格である聖霊の賜物によって、内なる力がおとずれることが約束されており、それゆえにわたしたちはゆるし、ゆるされるようになることです。

わたしがゆるしはコミュニティの核心だというとき、それはわたしたちがただ単に「君はめいわく者だけど、ゆるしてあげよう」と言えばよいという意味ではありません。それは、わたしたちも君たちを支配し、傷つけ、恐れを抱かせたから、あるいはわたしが君に耳を傾けず、君に心を開かなかったから、君がめいわく者になったことに関しては、わたしも部分的に原因があるのだと気づかねばならないということなのです。ゆるしとは単に「君がドアをバタンと閉めたけどゆるしてあげる」ということではありません。それは「わたしは君を傷つけてしまったから、自分を変えようと努力している」ということでもあるのです。わたしたちはみんな傷ついています。意識的にであれ無意識的にであれ、わたしたちはたがいに傷つけあっているかもしれないし、実際に傷つけあっているのです。気づかうコミュニティの核心にはたがいのゆるしがあります。これが成長の原理です。わたしたちはたがいにゆるしあっているのです。成長してイエスのようになりたいと切に願っているからです。

すでにお話ししたように、コミュニティは痛みの場、自我が死ぬ場です。コミュニティのなかでわたしたちは自存と自分を閉ざすといういつわりの安全を断念しています。もし、コミュニティにいることが、神からの呼びかけに対する応答だと確信しているなら、わたしたちはこの痛みを生きていくことができます。この信仰にもとづく確信がなければ、コミュニティにとどまることはできないでしょう。わたしは自分のコミュニティでこのことをよく見ています。人びとはコミュニティに惹《ひ》かれてラルシュに来るでしょう。彼らはわたしたちのコミュニティが好きなのです。彼らはラルシュのコミュニティが好きなのですが、彼らにとってそれが偉大なのはわずか数日です。

ある人がわたしに「このコミュニティのなかで生活していくのはしんどい。けれど、神がわたしをここへ呼ばれたから、ここにいる」と言います。そのときにわたしはその人が夢から現実への道筋を通過したことを見てとります。彼らは自分たちの居場所を見つけたのです。コミュニティを選ぶことからコミュニティのために選ばれたのだとわかるようになるまでの道筋を通り過ぎたら、わたしたちはコミュニティにとどまるようになるでしょう。コミュニティはイエスがわたしたちにくださる純化と支援の場であり、より深い愛と解放に導かれる場、わたしたちの自己中心的な態度を清められ、新しいいのちを他者に与えることができるようになる場なのです。

神の語りかけを聞く

この呼びかけはどのようにしてわたしたちに現れるのでしょうか。神のことばを理解し、解釈することが大切です。ことばはとても大切なものです。わたしたちは常に人びとがわたしたちになにを言おうとしているのか理解するよう努めなければなりません。ラルシュでは、なかまたちは口で話せないときに、自分たちの体をとおして自己表現します。もし、歯や腹が痛いとき、あるいは苦痛やしてほしいことがあるとき、彼らはそれを自分の体をとおして、すなわち非音声言語でほかの人にはっきり示します。わたしたちは彼らを理解するためにこの非音声言語を学ばなければなりません。わたしは、身体言語がわかるようになると、あらゆる人間関係がよく理解できるようになることに気づきました。というのは、人は声を出して話しているときでも、非音声言語を併用しているのですから。人に「お元気ですか」と尋ねて、「元気ですよ。あなたは?」と返ってきたとき、それがほんとうかどうか、その人の表情からわかるでしょう。顔は嘘をつかないのです。

それでは、神はどのようにしてわたしたちに語りかけられるのでしょうか。創造と、できごとのなかにあることばをとおして、しかし、わたしたち一人ひとりに合った方法で語りかけられます。神はどのようにしてわたしに語りかけられるのでしょうか。わたしが神のことばを解読する方法を知っているのでしょうか。神のメッセージを解釈する方法を学ぶことは、イエスの弟子にとって必須です。

そのために神の道に通じた賢人に助けてもらう必要があるのです。その人はその呼びかけが何であるのか識別するのを助けてくれます。イエスの呼びかけがわたしたちに表されるのはしばしば、わたしたちがコミュニティのなかでくつろぎ、コミュニティがわたしたちにとって、愛のうちに、イエスのよきおとずれをすべて受容できるようになるまでに成長する場であると気づくときです。このことはイエスがわたしたちに次のように語りかけているしるしのひとつです。「来て、わたしの最初の弟子たちのようにたがいに言い争っている兄弟姉妹とともに住みなさい。このような場こそ、今日わたしが、あなたがいるように呼んだ場です。難しいかもしれないが、それはあなたが愛において成長する場となるでしょう。そこでわたしはあなたにわたしの愛を表すでしょう。」

神がわたしたちにここにいるように招かれたということを、わたしたちが意識せずに、コミュニティに根をおろすことができるとは、わたしは思っていません。

復活祭の前の木曜日、いわゆる聖木曜日に、わたしたちはラルシュのなかのわたしの家でともにミサ聖祭《ユーカリスティア》に与ります。ミサ聖祭のあとわたしたちは特別な食事をします。そのときたがいに足を洗いあうという謙遜とゆるしの感動的な体験に与ります。

同じ夜にわたしたちは、わたしたちラルシュの聖別された歴史を「記念する」ひとときを持ちます。神がどのようにしてわたしたちを集めてくださったのかを語りあいます。なかまがわたしたちのコミュニティに来るまでにどこにいたのか、たがいに語りあうのを聞くのがわたしは好きです。「精神病院に」「施設に」「両親と三人きり」など。こうしてわたしたちはいま、ともにいるということを意識します。数年前にはわたしたちは絶望していました。わたしたちはたがいのことを知らなかったのです。いま、わたしたちはともにいます。たがいに所属しあっているのです。

わたしたちは、神があるふしぎな賜物をわたしたちにくださっていることを知っています。それはわたしたちを、それぞれの痛みと孤独に満ちた地からひとつに集めてくださり、ひとつの民とする賜物です。こうしてわたしたちは、たがいに相手に対して責任があることをいっそう意識するようになります。もしわたしたちのひとりが、わたしたちは生きるために呼ばれているということから離れはじめたら、わたしたちはたがいに問います。たがいに信頼できるようになるように祈ります。わたしたちはたがいの存在を確認しあいたいと思っています。しかしまた、たがいに競いあいたいのです。なぜならわたしたちはひとつの体の部分を構成しているからです。これは神の業であり、神の呼びかけなのです。

差異を敬い、愛すること

わたしは聖パウロのコリントの人びとへの第一の手紙の十二章のことばが大好きです。この箇所でパウロはひとつの体としての教会について語っています。当時のコリントの教会にはあきらかに、いくつかの問題がありました。何人かが次のように明言しています。「わたしは知者なのだから、みんなわたしのようになるべきだ。」パウロは彼らに対し、ひとつの体は両目、両耳、そして両足からなっていると言います。もしすべてのものが目であるならそれはどのような体なのか。そんなことはおかしい。いや、ひとつの体はさまざまな異なる部分からなっている。一人ひとりは異なっている。そしてパウロはこう言い切っています。これらの体の部分のうちで、もっとも弱く、もっとも目立たない、もっとも見栄えがしない部分こそが体に必要なのであり、たたえられるべきだ。[8]

コミュニティであるということは一様であるということではありません。今日わたしたちの世界では、すべての人が同じようになることを意図する危険な傾向があります。しかし、そうなればわたしたちはそれぞれが持つ独自性を失ってしまいます。わたしたち人間のすばらしいところは、わたしたち各自がどれほど独自の存在かということなのです。警察はこのことを、指紋が各自異なるものだということから知っています。わたしたちは各自、自分の体の部分がすべて独自のものなのです。同じ指紋を持った人間が二人いるということはありません。

ある人が可能性の話として、男女の創造以来、同じ指紋を持つ人がどれだけ存在しうるのかを計算したことがありました。ゼロが長く並ぶということが言えます。しかしこのことは、わたしという存在が独自でかけがえのない、重要な価値ある存在として見られなければならないということです。それこそがコミュニティが目的としているものです。すなわち、人はそれぞれ独自の存在として見ら

（8）一コリント12・21―22参照。

れ、賜物を与えられているということです。もっとも小さく弱い人こそがコミュニティにとっての賜物を持っており、その賜物は敬われなければならないのです。わたしたちはおのおの、他者とはまったく異なる存在です。しかしわたしたちは皆、ひとつになってシンフォニーのように、オーケストラのように存在しています。ひとつの美しい花束となります。しかしながらこのことは、わたしたちが差異を愛し、それを脅威としてではなく宝物としてとらえることを学ばなければならないということです。コミュニティであることはこの差異を敬い、愛することなのです。そこでわたしたちはコミュニティというこの体が、交わりの場であることに気づくのです。

祝祭――キリストのうちにひとつになる

ここで交わりと協働の違いに目を向けてみましょう。コミュニティは交わりの場です。カトリン・スピンクは、ブラザー・ロジェ・シュッツによって指導されているフランスのテゼのコミュニティについて、美しい本を著しています（『普遍的な心――テゼ・コミュニティのブラザー・ロジェの歩みとビジョン』一九八六)[9]。テゼ・コミュニティの指導者はもはや「長上」ではなく、「交わりの奉仕者」と呼ばれています。コミュニティのリーダーは共同作業の監督ではありません。交わりの奉仕者なのです。ラルシュでも何人かのなかまは交わりの奉仕者です。彼らは人びとをひとつにしてくれるからです。実に彼らはわたしたちに、たがいを目で見つめあって、わたしたちがみんなひとつの民であり、ひとつの体に属していることを認識するよう求めています。わたしたちはたがいに愛しあっているのです。

交わりは、本質的には具体的に目にみえる形で現れるものです。それは何かをおこなうことよりも沈黙のうちになされます。わたしたちは他者への贈りものなのです。わたしたちはともにいます。そしてこの交わりの場にともに呼ばれているることの深い意味を感じ取るのです。協働はその基礎を交わりに見いだされなければなりませんが、しばしばそうなりません。わたしたちはたがいに気づかいを

(9) Katryn Spink, *A Universal Heart : The Life and Vision of Brother Roger of Taizé*, SPCK Publishing, 1986.(邦訳未刊)

しなくても、また愛と交わりのなかにともに結びつけられていなくても、ともに働くことができます。これは工場や軍事的奉仕のなかで起きることなのです。わたしたちはひとつの目標に向かってともに働きます。しかし、交わりは結びつき、気づかいであり、分かちあいです。この分かちあいは祝祭のうちに流れ、その完成が見いだされるのです。

わたしたちは祝うことを学ばねばなりません。わたしは祝うことを「学ぶ」と言いました。なぜなら、祝祭は単に自然に発生するものではないからです。祝祭とは何かということに気づかねばなりません。わたしたちの世界では祝祭についてあまりよく理解されていません。わたしたちは宴《うたげ》についてはある程度知っています。そこではわざとらしくアルコールを飲んで楽しむことに夢中になります。わたしたちは映画や娯楽がどんなものか知っています。しかし、祝祭とはどんなものか知っているでしょうか。どのようにしてわたしたちがひとつであること、ひとつの体であることを祝えばよいのでしょう。人間的なものと聖なるものをすべて使って、ともに祝うのにどうすればよいか本当にわかっているでしょうか。

ユダヤ民族は祝祭について多くのことを知っています。わたしたちよりも大地に密着している原初の人びとは、祝祭がどのようなものか知っています。一度わたしはパリのナイトクラブで、はぐれた仲間を探していました。彼がそこにいると言われてナイトクラブに入っていくと、人びとが踊っていました。驚いたことに一体感がまったくないのです。彼らは手を握りあってさえいませんでした。各自が自分のことをしていました。あたかもめいめいが飛び回っているかのようにみえました。わたしたちはなんとかしてダンスや祝祭、歌、食物そして酒とは何なのか、特別なイベントに特別な服を着るのはどういう意味があるのか、再発見する必要があります。

わたしはときどきいろいろなコミュニティの人たちのもとを訪れますが、訪問先で食事中にテレビを見ていることがあります。音量は抑えていますが、食事のあいだはずっとテレビの映像がめざわりになります。そのため一緒に食事をして分かちあうことが困難になります。そこにはたがいに愛しあい、たがいにはぐくみあうために、ともに神に呼び集められているのだという感覚がほとんどありません。

わたしたちは祝祭を再認識する必要があります。祝祭はコミュニティにとって本質的なものです。テレビはひとつの死になりえます。祝祭とは、わたしたちが本当は何であり、何者なのかを分かちあうことです。それは愛、希望を他者に表現することであり、同じひとつの体の一部としてともに呼ばれていることを喜ぶことなのです。歌、踊り、笑いから沈黙へと入っていくとき、そこには神が現存しておられるという感覚が生じるでしょう。祝祭の核心のどこかには、キリストが現存しているという意識があります。キリストはわたしたちの隅の親石であるかたであり、わたしたちを結びつけておられるかたです。わたしたちはキリストがわたしたちとともにいてくださるからこそ喜ぶのです。

わたしがお話ししている祝祭というのはミサ聖祭《ユーカリスティア》です。このことばは「感謝をささげる」という意味です。ミサ聖祭はコミュニティの祝祭ですが、わたしはここではパンがキリストの体に変えられるという聖体への崇敬だけではなく、他者との、そしてキリストとの交わりにおける深い沈黙のことも言っています。

わたしはさまざまなコミュニティを訪れたときに、よくこう尋ねます、「あなたたちはどうやって祝祭をおこなっていますか。」もし、彼らが「祝祭はしていません」と答えたら、そのコミュニティは死の危機に瀕しているとわかります。

祝祭というのは単にともに聖体への崇敬に向かうことではありません。それはおそらく、すべての祝祭が満ちあふれるところでもあります。祝祭は聖体の民となって、感謝の歌をささげることです。なぜなら、彼らは他者にいのちをもたらすために、ひとつの民としてともに呼ばれているからです。

コミュニティ――神の顕現の場

ここで、所属の危険についてひとこと加えたいと思います。所属する（belong）ということには常に、なにかになりたい（become）という思いがあります。もし、なんらかの方法で所属することが、卓越した個人の意識に対して死ぬことを意味するのなら、そこにはなにか悪いものがあります。そこにコミュニティが月並みの場になってしまう危険がいつもありつづけてきたとわたしは思います。

ある修道女のことを思い出します。彼女はわたしのリトリートに参加して、深い祈りの体験をしたのです。そして自分のコミュニティに戻ったときに、以前にもまして祈りに熱心になりました。おそらく、軽率にも多くの時間を聖堂で過ごすようになってしまったのでしょう。ある日、ほかの修道女が彼女に言いました。「あなたは自分をだれだと思っているの？　アヴィラの聖テレジアのような神秘家？」いちばん厳しい迫害はわたしたちのコミュニティの内側から来るものなのです。月並みに落ちてしまっている人は、他の人たちが波風を立てることを好まないのです。

もしだれかがイエスからの特別な呼びかけを受けて、より大きな愛と共感に向かって、コミュニティにおけるさらに深い祈りの生活へと成長しはじめるなら、その人が他の人たちの月並みさを暴きはじめ、そのために危険な状態になるときが来るでしょう。預言者はいつも危険なのです。預言者たちは危険な存在だったために、エルサレムではいつも殺されました。預言者たちは人びとが自分たちの月並みさを自問するように呼びかけるのですが、人びとは自分と向きあおうとせず、変わろうともしないのです。コミュニティはいのちの場になりえますが、同時に死の場にもなりえるのです。絆はいのちをもたらしうると同時に、いのちを押し殺してしまい、死をもたらしうるのです。それゆえにイエスは人びとを人目につかないようにコミュニティへ招かれますが、同時に彼らを、よきおとずれを告げ知らせるために送り出すのです。コミュニティは使命でもあるのです。

もしも人びとが彼らの個々の成長において深く尊敬されているなら、コミュニティはただまっすぐに成長していくことができます。わたしたちは、眼前に使命の課題を置き続けなければなりません。わたしたちはただ自分を守るためだけにコミュニティにいるのではありません。わずかな霊的生活を守るためにそこにいるということはないでしょう。教会のため、痛みのうちにいる人びとのためにそこにいるのです。わたしたちには与えるべきメッセージ、受け取るべきメッセージがあります。わたしたちには使命があります。そして、使命を持つ人でなければ、コミュニティは閉ざされ、死んでしまう危険にさらされるのです。

もちろんキリスト者にとってもっとも大きな成長は、キリストとの深く、親密な関係に入っていくことです。それは最終的には神との神秘的な一致です。おそらくこの一致はどの宗教のメッセージにおいても核心的なことでしょう。しかし、キリストの宗教にとってはことさらそうなのです。わたしたちは自由の人になるように呼ばれています。なぜならわたしたちは聖霊を受けているからであり、またイエスが友としてわたしたちを御父との交わりに導いてくださるからです。

コミュニティはそれ自体で終わりではなく、最終目標ではありません。わたしたちがキリストと出会い、人間、そしてすべての人に対するキリストの愛に気づく場なのです。マルティン・ブーバーは、コミュニティは神の顕現《テオファニー》の場だと言いました。コミュニティはわたしたちが神と親密な関係のうちに出会い、「キリストによって捕らえられる」ことを経験できる場なのです。神はわたしたちを愛しておられ、三位一体の神秘と愛の中に引き込みます。そこでは神の愛のうちにやすらうことができます。しかし、コミュニティは使命に向かって開かれ続けるなればこそ、その意味を持ち続けることができるのです。

この点に関して問題と原因、そして使命の違いについてひとこと言わなければなりません。今日、人びとが作るグループは多数あります。クラブがあり、政党があります。反核、反人種差別、その他あることを支持する、あることには反対するグループなど、多様な形態の問題意識に根ざしたグループがあります。

しかし、問題意識に根ざしたグループのうち、コミュニティに基礎をおいていないものには、ある危険があります。それは、敵は自分たちのグループの外にいるグループであるようにみえるという危険です。そこでは、世界は「善」と「悪」で二分されてしまいます。われわれは善い方のなかにいて、他は悪者です。問題意識に根ざしたグループのなかでは、敵は常に外側にいるのです。われわれのグループの外側にいる人間、他の党の人間とはすべて闘わねばならないと思ってしまうのです。

真のコミュニティはそのようなものではありません。敵は内側にいる、それもコミュニティの内側にだけでなく自分の内側にもいると考えるからです。自分の目から丸太を取り除かずに隣人の目のおがくずを取り除くことなど考えられません。悪は自分の内側にあるのです。争いは自分のコミュニティの内側にあるのであり、自分は平和の仲介者となるよう、そこに呼ばれているのです。

しかし、争いは自分のうちにもあり、自分が内面において完全なものとなることを求めるよう呼ばれています。この呼びかけに気づいたとき、自分のなかで癒やしがはじまります。完成と一致は自分の内側ではじまるのです。もし自分が完成へ向かって成長しているなら、完成への仲介者になれるでしょう。もしわたしたちのコミュニティが完成への仲介者であるなら、周囲の世界にとっていのちの源となるでしょう。

コミュニティは貧しさ、弱さのうちに神に呼ばれている

使命を持つことはいのちを与え、癒やし、解放することです。それは人びとが自由に向かって成長していくように促すことなのです。イエスが人びとを派遣するとき、他の人びとを解放し、癒やすために派遣するのです。それがよきおとずれなのです。そしてわたしたちは解放と癒やしの人になることができます。わたしたち自身が内なる癒やしと解放への道に沿って歩んでいるからです。

イエスは弟子たちが豊かな実りをもたらすように呼ばれます。「もしあなたたちが豊かな実りをもたらすなら、あなたたちはわたしの弟子となり、御父に栄光をささげるようになるだろう。(10)」実りをもたらすということは、人びとにいのちをもたらすということです。人を裁き、非難するのではなく、ゆるすのです。これはわたしたちの隣人の重荷を背負うということです。次のキリストの最後のことばを思い浮かべてください。「父よ、おゆるしください。(11)」コミュニティは本質

的に、ゆるすこととゆるしのしるしに基づいているのです。コミュニティは外部の人びとを非難し、裁く人びとのグループではありません。暴力をふるう人びとでもありません。自分たちの心が神にささげられているなら、神は自分たちをお守りくださると信じる人びとです。

人びとへの信頼はもろいもので、イエスがつぶされたように、容易につぶされてしまいます。神の「大義」の正しさよりも神自身に信頼を置くコミュニティはいつもつぶされてしまうのですが、その崩壊の後からよみがえるでしょう。弱く、開かれて、非暴力であること、復活の民であることのうちには、隠された力があるのです。

その力とは、わたしたちの弱さ、小ささにおいて、わたしたちが愛されていること、神に導かれているのだと知っていることです。わたしたちは自分たちが優れていると思う民ではありません。わたしたちはエリートではありません。わた

(10) ヨハネ15・8参照。
(11) ルカ23・34

したちは貧しい、けれども神によってひとつに結びつけられ、神に信頼を置いてきた民なのです。それが神の国のコミュニティの本質的なことです。そのコミュニティはその貧しさ、弱さのすべてのうちに神に呼ばれていること、そして神は愛であることを知っているのです。

わたしたちは聖体の民です。それはわたしたちが感謝することを知る民であり、自分たちが放蕩息子たち、放蕩娘たちであることを認識している民であるということです。わたしたちはだれかを裁き非難するためにではなく、いのちの道具となり、いのちを与え、いのちを受けるために呼ばれているのです。ともにコミュニティに呼ばれることは信じられないほどの賜物です。わたしたちはラルシュで、わたしたちを呼んでひとつにしたのは小さく、弱い人びとだということ、そして、わたしたちの使命は、コミュニティの内側でたがいにいのちを与えあうことだと気づいています。

わたしたちはともにいるように呼ばれているのですから、祝祭の民です。しかし、わたしたちが祝祭をおこなうときには、いつも悲しみの気づきがあります。なぜなら、わたしたちの世界じゅうの人びとが皆祝っているわけではないからです。すべての人が喜んでいるわけではありません。今日も多くの人が刑務所や病院、スラム街の中心で十字架にはりつけにされています。多くの人が孤独で痛みのなかにいます。感謝のコミュニティから起こってくる祝祭には、痛みの気づきとともに希望の気づきもあります。わたしたちは復活のしるし、大きな分裂と内なる死、外なる死のある世界の一致のしるしとなるよう、神によって結びつけられているのです。

わたしたちは小さく、弱いものですが、死をいのちに変えられる神の力を示すために集められています。神は、わたしたち一人ひとりのうちで死をいのちに変えるという、不可能なことをなさっています。おそらくわたしたちのコミュニティをとおして、わたしたち一人ひとりはこの世界における、悲嘆から完成へ、死からいのちへの変容の仲介者となることができるのです。それがわたしたちの希望なのです。

訳者あとがき

ジャン・ヴァニエに出会ったのは一九九二年一月、愛知県の美浜で行われたリトリートの折でした。微笑みの人という印象を受けましたが、そのまなざしの奥に高い知性と厳しさが垣間見えました。

ジャンはカナダ総督の息子として生まれ、カナダ・イギリス海軍で従事していましたが、ナチスの蛮行を憂え、深い虚無感、人間に対する絶望感を覚えて退役し、人間の霊性を探求しようと哲学を学び、大学でアリストテレスを教えるようになりました。その矢先に知的障害をもつ人たちと出会い、目からうろこのようなものが落ちた（使徒言行録9・18）のではないでしょうか。彼らとともに生活するなかで、実生活における彼らの不器用さにしばしば腹を立てたこともあり、そのたびに自分の至らなさに気づいたと、ジャンは他の書でも頻繁に語っています（本書三十三―三十四頁参照）。

主の福音のメッセージの本質は神の国であり、マグニフィカト（ルカ1・46―

55）で聖母が謳われているような終末論的希望、すなわちニーチェの言葉を借りれば、この世のあらゆる価値の転換、逆転ということにあります。この逆転への道筋を示してくれるのが知的障害をもつ人たちだということがジャンの思想の根幹であり、そこから知的能力によって人の価値を決めつけてしまう現代世界の思潮に対して、愛する能力を対置し、神が弱い人びとを特に愛されていることを強調するのです。

本書はハーバード大学で行われた講演であり、そこに集った学生たちにジャンは厳しい要求をしています。現代社会を覆い尽くす能力主義、競争主義という病から抜け出し、福音を生きなさい、競争の梯子を降りなさい、と。

ジャンのアシスタントを見る目にも厳しいものがあります。しかし、今日においてラルシュのコミュニティは、アシスタントのみならずなかまたちも、ともに霊的に成長していく方向に変わりつつあるそうです。

わたし自身、ジャンとの出会いの前後から、静岡市のラルシュ・かなの家を頻繁に訪れ、なかまたち、そしてアシスタントたちに霊的に癒やされ、支えられています。いつもありがとう。

末筆ながら、本書の編集に携わってくださった女子パウロ会の姉妹の皆さんに感謝申し上げます。

二〇一九年五月十三日　ファティマの聖母の祝日に

宮永久人

◉［　］内は訳者による補注です。

◉引用箇所は原著にはありませんが、読者の利便に供するため、記しました。

◉聖書の引用は、一部の『聖書　フランシスコ会聖書研究所訳注』（二〇一一）をのぞき、訳者が原著の文意を損なわないように訳しました。

◉ハーバード神学校は、ハーバード大学の神学部を示しています。

著者紹介

ジャン・ヴァニエ（Jean Vanier）

1928年、カナダ総督ジョルジュ・ヴァニエの第四子として生まれる。1942年、英国王立海軍兵学校に入学。1950年、海軍を去る。その後哲学で博士号を取得し、トロント大学で教鞭をとる。1963年、北フランスのトロリーで知的障害をもつ人たちと出会い、1964年、知的障害をもつフィリップとラファエルと共同生活をはじめる。これがラルシュ・コミュニティの母体となる。その後、世界各地に広がり、現在では日本を含め、150か所を越える。1971年、マリー=エレーヌ・マテューとともに"信仰と光"を創設。知的障害をもつ人びとの国際的なネットワークとなっている。1997年パウロ六世賞、2015年テンプルトン賞を受賞。

訳者紹介

宮永久人（みやなが ひさと）

1960年　大阪市生まれ、仁川教会で受洗

1983年　同志社大学文学部文化学科心理学専攻卒業

枚方教会所属

現在、大阪教区障がい者委員会委員

梯子を降りる——悲嘆からコミュニティへ
著　者　ジャン・ヴァニエ
訳　者　宮永久人
発行所　女子パウロ会
代表者　松岡陽子
〒107-0052　東京都港区赤坂 8-12-42
TEL. (03)3479-3943　FAX. (03)3479-3944
web サイト　http://www.pauline.or.jp/
印刷所　図書印刷株式会社
初版発行　2019 年 5 月 13 日

ISBN978-4-7896-0803-9　C0016　NDC194　96P　19cm